RANDOM HOUSE ESPAÑOL™

Pensamientos para ser feliz

UNA AYUDA EN LOS MOMENTOS DIFÍCILES

LILIA REYES SPÍNDOLA

Random House, Inc.
Nueva York, Toronto,
Londres, Sydney, Auckland

www.rhespanol.com

www.rhespanol.com

La información CIP (Clasificación de publicación) se dispone a petición.

Edición a cargo de Mary Haesun Lee

Diseño del libro por Sophie Chin

Diseño de la cubierta por Fernando Galeano

Producción del libro a cargo de Lisa Montebello y Pat Ehresmann

ISBN 1-4000-0068-8

Primera edicion de Random House Español

Impreso en los Estados Unidos de América

10 9 8 7 6 5 4 3 2 1

Sobre la autora

Lilia Reyes Spíndola es orgullosamente mexicana. Hija de un embajador de México, fue educada en diferentes países de Sudamérica, Europa y en los Estados Unidos.

Su sed de conocimientos la ha llevado a incursionar en estudios sobre religiones, temas místicos, y sobre todo, el poder del pensamiento positivo.

Ha sido solicitada a participar en numerosas entrevistas en la radio y televisión.

Actualmente, en su afán de ayudarles, ofrece conferencias a los internos en reclusorios y a instituciones de niños infractores, llevando en sus palabras de aliento la luz de la esperanza a quienes más la necesitan.

Colabora en la Casa de la Madre Teresa de Calcuta en México y es fundadora del Centro de Capacitación y Cultura.

Sensible por naturaleza y amante del arte, encuentra en el canto una forma de transmitir a su público el amor por la vida.

Para describirla podríamos usar las palabras entusiasta, positiva o emprendedora; pero hay una que la define por completo: Feliz.

Presentación

Nací un soleado diez de febrero de no sé qué año, porque llevo la cuenta de mis días por la cantidad de experiencias, logros y amigos (tal vez por eso soy feliz). Desde entonces diariamente le doy gracias a Dios por haberme dado el privilegio de vivir.

Amo al mundo; por eso escribo y trato de ayudar con mis pláticas a mejorarlo. Si despertamos nuestra conciencia y cambiamos nuestra actitud hacia lo bello y positivo de la vida— ¡realizaremos el milagro!

Los pensamientos son los que causan y forman las experiencias; cuando se quiere mejorar la calidad de vida, lo que se debe cambiar son los pensamientos.

Este libro te ayudará a llenarte de luz, salud, amor y felicidad. Mi intención al escribirlo fue poder compartir el sentimiento de amor que le tengo al universo y a ti.

Mejorar está en nuestras manos, ¡está en tus manos! Aprovecha la oportunidad que tienes de vivir feliz y en armonía con tus semejantes.

Tu amiga,
Lilia Reyes Spíndola

Pensamientos para ser feliz

Hoy comienzo
trabajando mentalmente
para mí, sabiendo que
tengo todo el poder en
mis propios
pensamientos para que
mi vida sea una
experiencia maravillosa.

$\mathcal{L}$os fracasos no me
afectan; aprendo de
ellos. Sé que cometí
algún error, no ordené
mis metas ni me
distraje. Haré una lista
de mis errores y no
volveré a cometerlos.

Siempre puedo
encontrar el trabajo
perfecto para mí. Tengo
la cualidad de
desempeñar mis
obligaciones y tareas
dando siempre lo mejor.
Sé adaptar fácilmente.

No debo juzgar a nadie; todos tienen el derecho de ser como son y de pensar como lo hacen. Debo tratar de conocer a las personas. Antes de juzgar, cuántas sorpresas me voy a llevar.

$\mathcal{L}$os elogios me hacen
sentir bien, me halagan,
pero no dejo que me
alejen de la realidad. Los
recibo con facilidad y
distingo entre los que
son sinceros y los que
son adulación.

La dignidad es el
respeto a uno mismo.
Estoy avanzando en mi
camino, logrando que
todos mis semejantes
me vean con el mismo
respeto que yo les tengo
a ellos.

El amor es una reserva
que jamás se agota y la
tengo dentro de mí;
entre más amor doy más
amor tengo para dar,
pero debe ser un amor
sin egoísmo y bueno
para los demás.

$\mathcal{M}$e acepto a mí
misma con todo lo que
soy, y lo hago con
alegría y amor. Esto me
da seguridad y me libra
de dudas. Al hacerlo, los
demás me aceptan
también y me respetan.

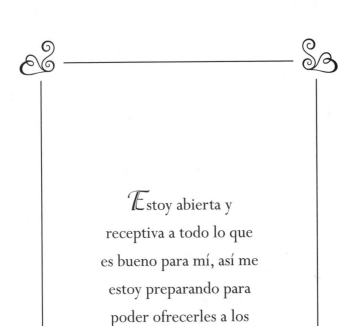

*E*stoy abierta y
receptiva a todo lo que
es bueno para mí, así me
estoy preparando para
poder ofrecerles a los
demás, todo ese bien
que he aceptado.

$\mathcal{M}$e estoy apegando a
la naturaleza cada día
más; en ella encuentro
muchas respuestas:
simples, libres, suaves,
fuertes, reales, mágicas
y bellísimas.

*N*o me importa qué experiencia esté viviendo hoy, soy capaz de cambiar mi pensamiento en el momento exacto en que lo decida. Sólo depende de mí cambiar la experiencia que me es incómoda.

$\mathcal{H}$oy me estoy
queriendo mucho. Sé
que tengo una gran
capacidad de amar a
todos y a todo lo que
me rodea. Qué
privilegio es vivir en
este mundo que me
ofrece todas las
oportunidades para
crecer y ser mejor.

$\mathcal{T}$odos los que me
rodean —mi familia,
mis amigos, mis
compañeros de
trabajo— son seres
sensibles y pensantes.
Quiero escucharlos para
saber qué quieren, qué
piensan, y poder así
comprenderlos.

La vergüenza no la
experimento; estoy
actuando con
naturalidad, con
seguridad, con
franqueza y libertad,
pues es algo muy
sencillo y fácil para mí.

*E*s mi tarea formar mi
propia personalidad, sin
imitar a nadie, pues
tengo rasgos y
cualidades muy mías. El
tiempo, la experiencia,
lo que aprendo y veo,
me mejoran.
Estoy orgullosa de
ser quien soy.

Cuando estoy
ofuscada, no pienso; me
dejo llevar por mis
impulsos y después
sufro las consecuencias.
En el momento en que
decido controlarme,
recobro la cordura y
tomo mejores
decisiones.

$\mathcal{L}$a diversión es
necesaria, es un
descanso para mi mente
y cuerpo. Olvidar por
un momento mis
obligaciones y metas,
me da fuerzas para
regresar a ellas llena de
entusiasmo, relajada
y feliz.

$\mathcal{E}$stoy limpiando mi mente; estoy barriendo todo lo que me molesta: enojos, rencores, críticas y depresiones. Mi conciencia ya está libre. Hice una buena labor.

A todo este amor que
tengo dentro le estoy
abriendo la puerta para
que salga y así,
entregarlo a quien tenga
necesidad de él, ya sea a
un niño, un anciano
o… a ti, mi amigo
lector.

$\mathcal{H}$ay ocasiones en que
el enojo se justifica,
pues no debo aceptar
ni la injusticia, ni el
engaño, ni la falta de
respeto. Soy un ser
digno y debo defender
mi integridad.

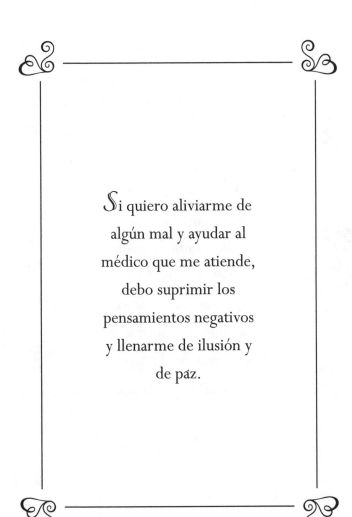

Si quiero aliviarme de algún mal y ayudar al médico que me atiende, debo suprimir los pensamientos negativos y llenarme de ilusión y de paz.

$\mathcal{V}$oy a hacer una lista
de las costumbres que
debo cambiar; quiero
poner en su lugar
pensamientos nuevos,
ilusiones y metas que
debo realizar; lo hago en
este preciso instante.

$\mathcal{S}$entir que soy dueña
de alguien, que un ser
semejante a mí me
pertenece, es un error.
Los hijos no nos
pertenecen; son libres y
dueños de sus vidas. El
amor necesita libertad,
sólo así se puede
conservar.

*D*entro de mí existe
un dínamo que produce
energía; cada día le doy
más movimiento para
que crezca y crezca.
Estoy generando un
gran poder.

*R*elajarse es un
mensaje buenísimo para
el cuerpo y la mente.
Cierro los ojos, respiro
profundamente, dejo ir
la tensión y pienso en
alguien o en algo que
me agrade.

*R*ecordar momentos
bellos es volver a
vivirlos. Me hacen reír,
me hacen disfrutar. Me
sirven para hacer un
recuento de mi vida y
recrearme en ese
instante de felicidad.

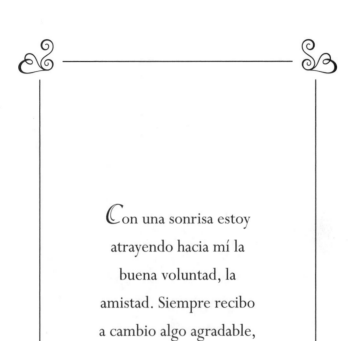

Con una sonrisa estoy
atrayendo hacia mí la
buena voluntad, la
amistad. Siempre recibo
a cambio algo agradable,
como otra sonrisa.

*L*as experiencias
difíciles, dolorosas,
siempre me dejan una
lección. Estoy haciendo
un esfuerzo para que
ahora me sean útiles.

Cuando estoy feliz y
entusiasta, mis
pensamientos se
magnetizan y se produce
un milagro: atraigo a mí
a todas las personas que
tienen los mismos
sentimientos.

*L*a vida es un precioso
milagro de Dios: yo la
poseo; yo soy un
milagro, y estoy
orgullosa de esta
oportunidad. Es mi
obligación aprovechar al
máximo mi existencia.

*T*engo la bendición de
vivir todos los días una
nueva experiencia; mi
mente está alerta para
aprender de ella la
lección que me muestra.
Siempre hay una razón
para todo lo que sucede.

Soy una persona
valerosa; tengo la fuerza
y la habilidad para
superar cualquier crisis
o peligro; tengo oídos
sordos para los
comentarios negativos
que algunas personas
expresan.

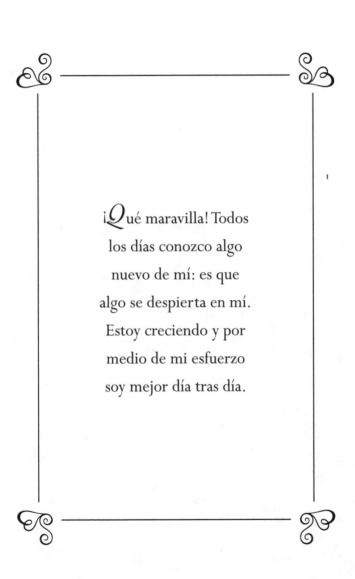

¡*Q*ué maravilla! Todos
los días conozco algo
nuevo de mí: es que
algo se despierta en mí.
Estoy creciendo y por
medio de mi esfuerzo
soy mejor día tras día.

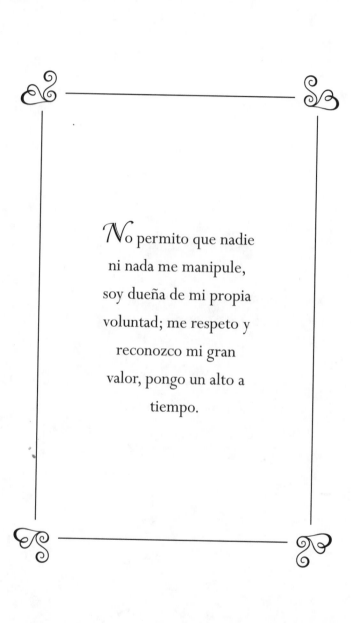

*N*o permito que nadie
ni nada me manipule,
soy dueña de mi propia
voluntad; me respeto y
reconozco mi gran
valor, pongo un alto a
tiempo.

$\mathcal{V}$algo tanto como cualquier ser pensante. El simple hecho de ser única me hace importante. Yo pienso, decido y nunca permito que me falten el respeto.

El tiempo y el lugar
donde vivo pueden ser
perfectos, si yo así lo
decido. Si es necesario
un cambio, estoy
preparada para hacerlo,
todo depende de mí; sé
que es por mi bien.

Soy un ser con
habilidades y talentos,
las cuales muchas veces
me sorprenden pues de
vez en cuando olvido
que los llevo dentro,
esperando salir. Me
estoy dando la
oportunidad de hacer la
prueba, pues nunca
digo, «No puedo».

$\mathcal{E}$stoy perdonando esos
viejos resentimientos.
Al dejarlos ir, ocurren
milagros dentro de mí:
me siento ligera, libre
y feliz.
¡Qué maravilla!

Soy un ser flexible: mi
mente está abierta y se
puede mover a mi
antojo. Estoy deseosa de
poder cambiar mis
puntos de vista y
actitudes. Depende
solamente de mí.

*E*stoy aprendiendo a no juzgar ni criticar: es una gran pérdida de energía y tiempo. Para ser respetada hay que saber respetar a todos, tal y como son, sin querer cambiarlos.

$\mathcal{L}$a libertad es el don y
el privilegio por el que
debo de luchar siempre.
No dejaré que nada me
ate, me ahogue. Como
nadie puede privarme
del pensamiento, soy
eternamente libre.

$\mathcal{L}$as mentiras te van alejando de la verdad y cuando te das cuenta, te envuelven y crees en tus mentiras como verdades. Yo no caigo en sus redes, me ubico y enfrento a la realidad.

¡Qué gusto está dentro
de mí! Me caigo bien.
Soy simpática, alegre,
emprendedora; una
buscadora incansable. Sé
que si estoy bien
conmigo misma, todo
me resultará bien.

$\mathcal{L}$a risa es el gran
remedio para todo, es el
mejor remedio para el
alma; al reír se liberan
las tensiones, los enojos,
las tristezas, los
problemas. Busco
diariamente una razón
para practicarla.

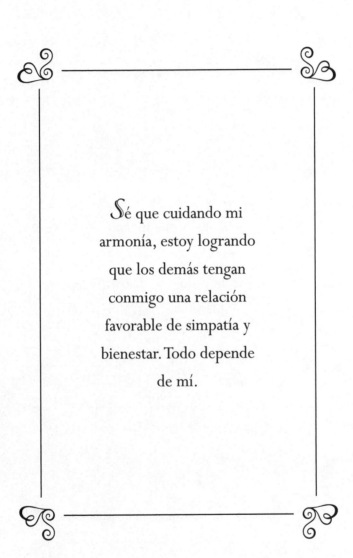

Sé que cuidando mi
armonía, estoy logrando
que los demás tengan
conmigo una relación
favorable de simpatía y
bienestar. Todo depende
de mí.

La ambición debe
existir; es una fuerza
para llegar a tener
grandes logros. Estoy
cuidando que no se
vuelva desmedida
porque quiero vivir
libre y feliz.

Qué bello es todo a mi alrededor —se siente la alegría en la naturaleza y me contagia. Quiero reír, quiero cantar, quiero ser feliz. Tengo el fuerte deseo de triunfar, creo en mí y en el mundo.

El miedo es mi peor
enemigo y pensar que
está dentro de mí. Sólo
yo puedo vencerlo,
nadie me puede ayudar,
es mi propia batalla. No
hay problema: venceré.

*T*odas las edades son
bellas. Las quiero vivir y
disfrutar intensamente
en cada una de sus
etapas y estoy pasando
por cada una de ellas sin
aferrarme. La dejo ir,
guardo recuerdos
y maduro.

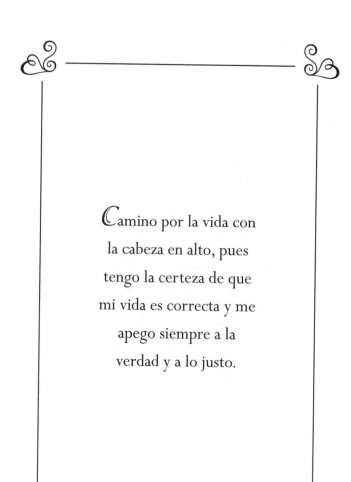

Camino por la vida con
la cabeza en alto, pues
tengo la certeza de que
mi vida es correcta y me
apego siempre a la
verdad y a lo justo.

$\mathcal{M}$is experiencias son
la riqueza más grande
que he acumulado.
Tengo frente a mí
recuerdos de los cuales
aprendo. Estoy
puliendo mis errores
para no cometerlos
otra vez.

$\mathcal{E}$stoy llenando con amor esos espacios que siento vacíos; el sentimiento de amor es capaz de saciar las sensaciones. Es tan noble el amor que lo podemos brindar a todos: ayudando, consolando, curando y apoyando.

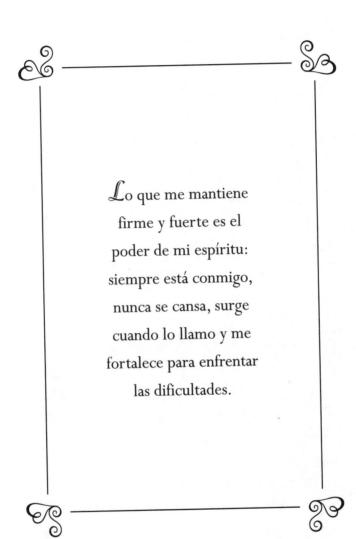

Lo que me mantiene
firme y fuerte es el
poder de mi espíritu:
siempre está conmigo,
nunca se cansa, surge
cuando lo llamo y me
fortalece para enfrentar
las dificultades.

$\mathcal{L}$a vanidad es sana
mientras no se apodere
de mí. Estoy consciente
de no caer en sus
garras; hay tantas cosas
importantes que tengo
por hacer, que no tengo
tiempo que perder.

$\mathcal{Y}$o vivo en el presente: hoy y aquí. El pasado es una experiencia más, los recuerdos positivos me alimentan, los otros, los desecho. Viviendo así, el futuro no me preocupa.

La vida me ofrece todo.
La mayoría de mis
necesidades yo las
invento, estoy atenta de
no complicarme la
existencia. Las semillas
que escojo y siembro
me darán los frutos
que deseo.

$\mathcal{E}$stoy dejando ir todo aquello que me molesta. Aquí y ahora estoy valorando todas mis cualidades. No les doy importancia a las cosas que no me incumben; sé que soy la única responsable de mis sentimientos.

Dentro de mí hay un espacio donde siempre hay paz; puedo entrar a cualquier hora pues me pertenece, y cuando salgo de ahí, salgo feliz porque es un descanso en mi tiempo.

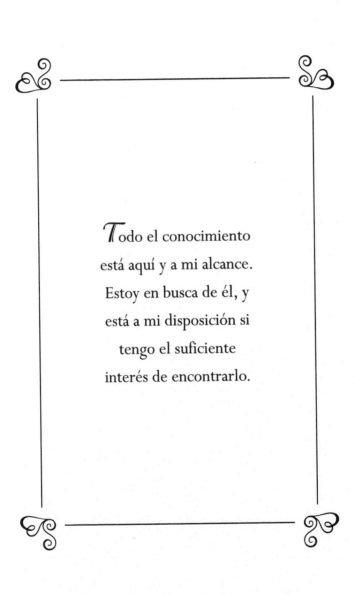

Todo el conocimiento
está aquí y a mi alcance.
Estoy en busca de él, y
está a mi disposición si
tengo el suficiente
interés de encontrarlo.

$\mathcal{P}$erdono a todos los
que me hayan querido
lastimar. Después de
todo, nunca tuvieron el
poder suficiente para
cambiar mis
pensamientos de
armonía y felicidad.

La valentía es una
sensación de poder:
mirar a la vida de frente,
de desafío, es tener
completa seguridad
de mí.

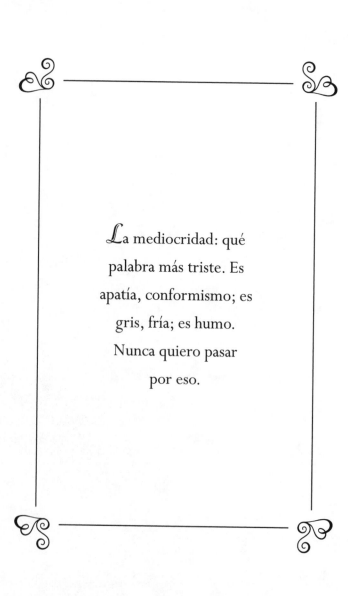

La mediocridad: qué
palabra más triste. Es
apatía, conformismo; es
gris, fría; es humo.
Nunca quiero pasar
por eso.

$\mathcal{L}$a actitud prepotente
es ofensiva, es
menospreciar el valor
moral de los demás. Las
personas que quieren
imponer su voluntad a
los otros por medio de
la fuerza, son en
realidad inseguras.

Si quiero que mañana
sea diferente, debo
hacer que hoy sea
diferente. Ésta es la
mejor intención de mi
vida: arreglar hoy mis
errores para que
mañana sea un
día mejor.

$\mathcal{H}$ay que darle
vacaciones a la
preocupación. Nada se
remedia con estarle
dando vueltas a los
mismos pensamientos,
porque ya no se puede
ver con claridad. El sol
sale todos los días y con
él llegan las soluciones.

$\mathcal{P}$ara dar un consejo
debo de tener la
experiencia sobre lo que
estoy aconsejando. Es
una irresponsabilidad
hablar de algo que
desconozco y llevar a la
otra persona a cometer
un error.

$\mathcal{M}$is actitudes y
sentimientos son como
un boomerang; por eso
debo cuidar muy bien
lo que digo y hago.
Todo se me regresará,
pero... regresará con
más fuerza.

*A*mo a mi familia
porque me aceptan
como soy, respetan mi
espacio y mi
personalidad. Yo
también hago lo mismo
que ellos: todos
debemos ser
independientes y
muy unidos.

$\mathcal{D}$isfruto cada
momento de mi vida, le
doy gracias a Dios.
Soy feliz.
¡FELIZ!

La vida es un gran escenario y todos somos actores con papeles que representar. Mi personaje me es muy grato, me es muy fácil vivirlo y lo estoy haciendo muy bien.

$\mathcal{L}$as personas enfermas
de odio, se disgustan
fácilmente con aquél
que esté a su lado. Yo me
protejo con mi
armadura de paciencia
y armonía; nada me
traspasa.

$\mathcal{Y}$o en la vida voy
sumando; quiero
progresar. Si
diariamente agrego algo
positivo a mi favor y
aprendo algo de mi
trabajo y de mis
vivencias, estoy forjando
mi riqueza.

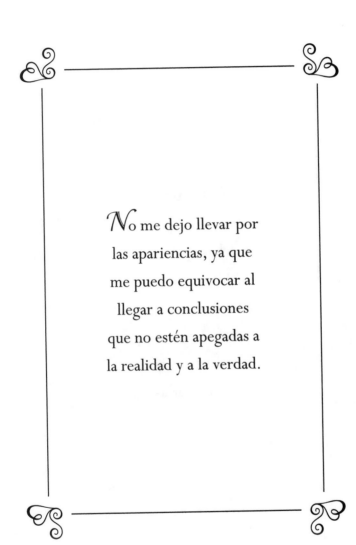

No me dejo llevar por
las apariencias, ya que
me puedo equivocar al
llegar a conclusiones
que no estén apegadas a
la realidad y a la verdad.

Estoy tranquila porque sé que tengo muchas opciones en la vida, si una no me conviene, busco otra y otra. Lo único que necesito es querer buscarlas.

$\mathcal{T}$engo en mis manos la brújula que me señala el camino correcto. Estoy poniendo atención hacia dónde me indica que vaya para no equivocar mi rumbo y no alejarme del buen camino.

$\mathcal{H}$oy te doy gracias
Dios mío por todo lo
que tengo: mi familia,
mis amigos y las
personas bellas que
conozco a diario. Tengo
mis manos para ayudar
al que lo necesite y mi
corazón para amar.

$\mathcal{T}$odos somos seres con
la misma capacidad de
triunfar; la diferencia
estriba en las
oportunidades que se
tienen en la vida. Debo
procurar esforzarme
por encontrarlas.

La ociosidad es la madre de todos los vicios, es verdad, por eso estoy trabajando, estudiando, creando y haciendo siempre algo de provecho, para escapar de ese grave error.

$\mathcal{H}$oy estoy aplaudiendo
porque vibro, porque
tengo ilusiones, porque
creo en los demás,
porque los respeto y los
quiero; porque quiero
ayudar a construir un
mundo mejor.

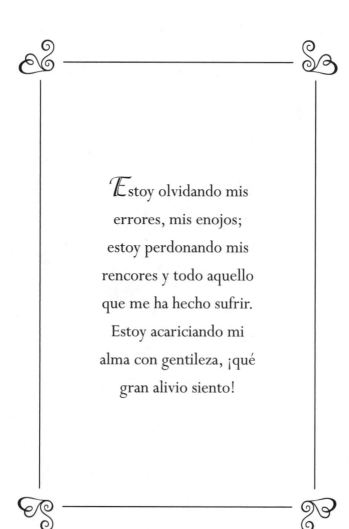

*E*stoy olvidando mis
errores, mis enojos;
estoy perdonando mis
rencores y todo aquello
que me ha hecho sufrir.
Estoy acariciando mi
alma con gentileza, ¡qué
gran alivio siento!

No comparto enojo ajeno, no me dejo contaminar por pensamientos negativos, pues no me corresponden. Yo estoy trabajando con esmero y alegría para cuidar mi felicidad.

$\mathcal{L}$os animales son nuestros compañeros en este mundo; los quiero a todos porque tienen una razón de ser en esta vida. Los que viven cerca de mí me ofrecen su lealtad, su cariño y compañía.

Soy puntual,
responsable, confiable,
me gusta trabajar, tengo
una excelente relación
con las personas con
que vivo y trabajo. Día a
día hago algo para
superar cualquier
problema personal.

El poder de mi amor
es tan grande que lo
estoy sacando dentro
de mí, para tocar con él
a todas las personas
que están a mi alcance
y a las que tengo lejos;
se lo mando a través
del pensamiento.

𝒴o me merezco todo
lo que deseo, sólo tengo
que hacer un esfuerzo
para alcanzarlo. Estoy
trabajando para tener la
capacidad de prosperar
y triunfar. El éxito está a
la vuelta de la esquina.

*P*erdonar es la única forma de sentirme libre. Todo aquello que se retiene hace daño: el enojo, el odio, el resentimiento, la envidia. Los debo de superar porque con el tiempo se convertirán en enfermedad.

*T*engo la bendición de vivir todos los días una nueva experiencia. Mi mente está alerta para aprender de ella la lección que me muestra; siempre hay una razón para todo lo que pasa.

Las plantas necesitan
podarse para que
crezcan más; así me pasa
en la vida algunas veces:
tengo pérdidas, pero
estoy consciente de que
me sirven para estar
atenta y para valorar
todo lo demás que
tengo.

Qué daño hace fingir;
al hacerlo me estoy
engañando yo sola, ya
que al final siempre se
llega nuevamente a la
realidad. Qué difícil es
adaptarse; por eso soy
real y sincera.

$\mathcal{M}$is responsabilidades
en la vida las desempeño
con facilidad, las
dificultades las resuelvo,
pues su peso me resulta
ligero. Solamente
necesito hacerlo con
energía y con la
confianza en mi propia
capacidad.

$\mathcal{L}$os valores en la vida
muchas veces están
equivocados. Por pensar
en lo material me olvido
del esfuerzo mental y
espiritual que se invierte
en crear ideas, su valor
es mucho mayor. Estoy
conciente de ello.

$\mathcal{H}$ay seres tenaces que
no se dejan vencer, que
siempre salen adelante
con valentía y orgullo;
estoy aprendiendo e
imitando su actitud. Los
admiro y amo.

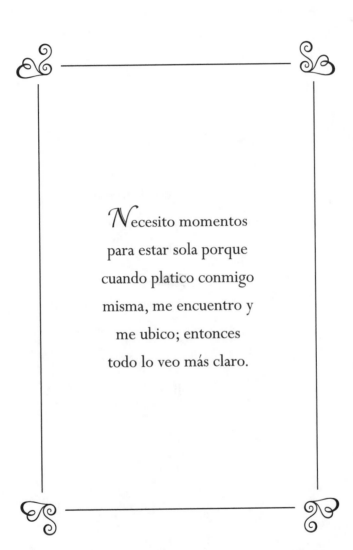

*N*ecesito momentos
para estar sola porque
cuando platico conmigo
misma, me encuentro y
me ubico; entonces
todo lo veo más claro.

Cada vez que ofrezco
mis manos para ayudar,
crezco. Cada vez que
ofrezco mi alma para
amar a los que me
necesitan, me lleno de
un gozo que no puedo
explicar.

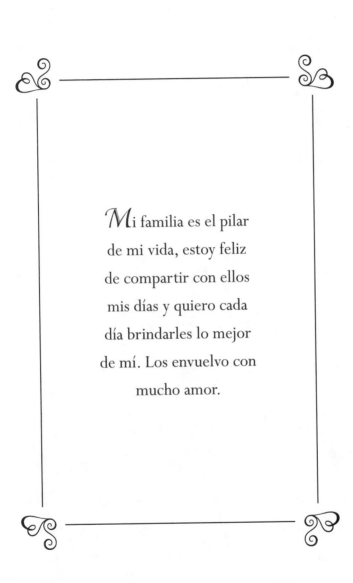

Mi familia es el pilar de mi vida, estoy feliz de compartir con ellos mis días y quiero cada día brindarles lo mejor de mí. Los envuelvo con mucho amor.

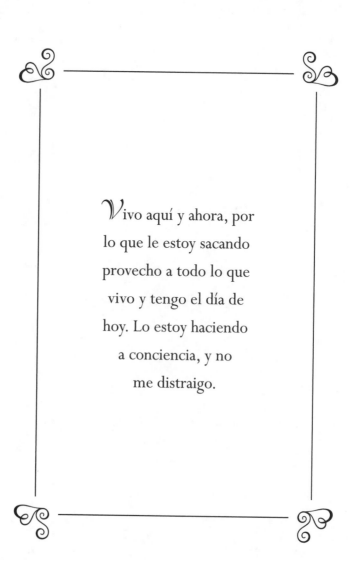

Vivo aquí y ahora, por
lo que le estoy sacando
provecho a todo lo que
vivo y tengo el día de
hoy. Lo estoy haciendo
a conciencia, y no
me distraigo.

¡Soy rica! Quiero manifestar materialmente toda esa riqueza de pensamientos que poseo. Me estoy concentrando para hacerlos producir y se manifiesten en efectivo.

Estoy feliz de tener la
capacidad de
relacionarme y
comunicarme con mis
semejantes con facilidad
y sin timidez, pues soy
libre de complejos.
¡Confío en mí!

*L*es agradezco a mis
padres el haberme
concebido, porque
tengo la oportunidad
única de diseñar mi vida
con mi propia voluntad;
ahora es sólo mía la
responsabilidad.

Estoy siendo responsable en todos mi actos: de mis errores no culpo a nadie y estoy aprendiendo de ellos mucho. Me perdono las faltas pasadas y trato de no repetirlas.

$\mathcal{M}$e estoy dando
cuenta de que mi
actitud es la que me
abre todas las puertas: el
respeto, la amabilidad,
la cortesía, me hacen
agradable a los demás y
entonces puedo romper
cualquier barrera.

Qué sensacional es
saber que puedo escoger
lo que yo quiero: mis
valores morales me
hacen elegir lo que más
me conviene, lo que es
correcto y lo que es
bueno.

Cuando le digo a
alguien, «¡Qué suerte
tienes, todo te sale
bien!», le estoy faltando
el respeto, le quito el
crédito de su trabajo y
de su esfuerzo. La
suerte la crea uno
mismo.

$\mathcal{E}$stoy siempre
dispuesta a cooperar con
los demás porque me
siento bien haciéndolo,
es un intercambio de
buenos deseos y
compañerismo.

Siempre que hablo con alguien lo miro a los ojos, así sé que me está prestando atención. Los ojos son las ventanas del alma, por ellas puedo saber si está siendo sincero.

$\mathcal{M}$e estoy cuidando
mucho: mi salud, mi
armonía mental, mis
sentimientos. Observo
mis debilidades para
modificarlas; sé que al
hacerlo soy capaz de
cuidar a mis semejantes.

*Q*ué bueno es contar
con las personas
mayores; siempre están
dispuestas a compartir
su experiencia. La edad
avanzada es bella.
Quiero escuchar a los
ancianos pues aprendo
mucho de ellos.

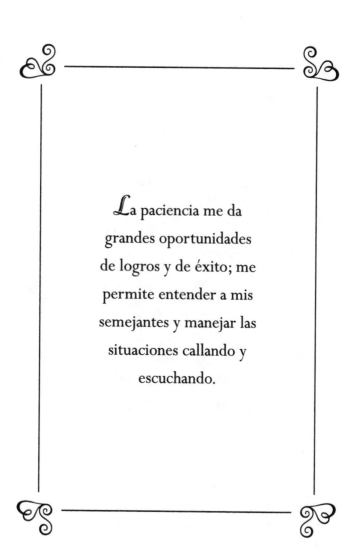

$\mathcal{L}$a paciencia me da grandes oportunidades de logros y de éxito; me permite entender a mis semejantes y manejar las situaciones callando y escuchando.

$\mathcal{S}$i le doy importancia a
mi individualidad y
respeto a los demás,
tendré su respeto, y de
esta forma maravillosa
podremos crecer juntos
en libertad.

Mi conciencia está en
paz; duermo sin
sobresaltos porque sé
que soy un ser apegado
a la honradez y a la
verdad. Qué felicidad
poder ver a mis
semejantes de frente.

El abuso es una actitud
que va en contra de mi
ética, ni yo ni nadie
tiene derecho a sacar
provecho de otro ser
pensante, que es igual
espiritualmente a mí,
soy justa y honesta.

$\mathcal{M}$i apariencia
personal es muy
importante. Estoy
esmerándome para que
sea saludable, prolija,
limpia, agradable, y
siempre la adorno con
una sonrisa.

Qué importantes son
los valores patrios: son
mis raíces y el porqué
de las naciones. Amar a
mi patria es tener dónde
vivir dignamente y
disfrutar del derecho de
la libertad.

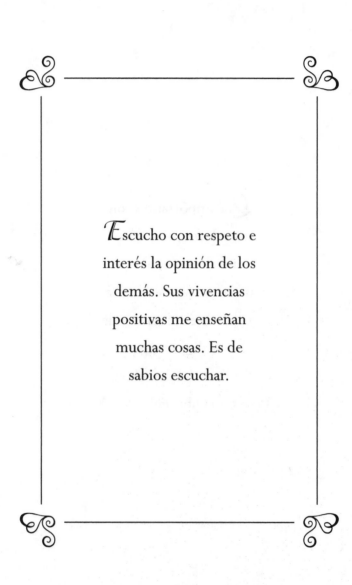

*E*scucho con respeto e interés la opinión de los demás. Sus vivencias positivas me enseñan muchas cosas. Es de sabios escuchar.

$\mathcal{T}$engo urgencia de dar,
no puedo esperar, estoy
inquieta por el
sentimiento de
compartir. Sé que hay
muchos lugares donde
se necesitan mis manos,
mi amor y mis palabras
de consuelo. En este
momento salgo
para allá…

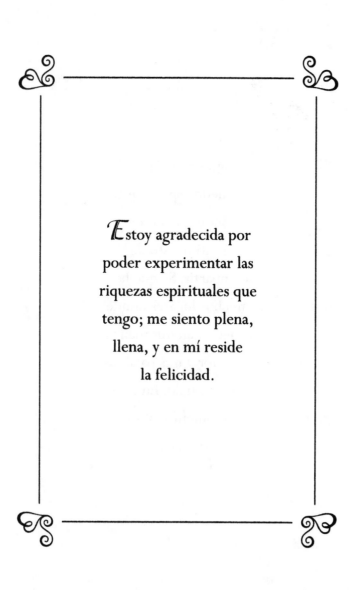

*E*stoy agradecida por
poder experimentar las
riquezas espirituales que
tengo; me siento plena,
llena, y en mí reside
la felicidad.

$\mathcal{N}$o me dejaré
influenciar por las
manifestaciones
equivocadas de los
demás. Yo sé que si
mantengo correcto mi
pensamiento, mi vida
continuará siendo feliz.

$\mathcal{L}$a actividad es mi
fuerza vital. Debo estar
activa mental y
físicamente; me doy
pequeños descansos,
pero son sólo para que
mi fuerza aumente.

$\mathcal{Y}$o me resisto a
dejarme llevar por el
estrés, ya que eso
probaría que he perdido
mi sentido de armonía y
que todo ha empezado a
funcionar mal. Yo causé
esa experiencia; ahora
vuelvo a la paz.

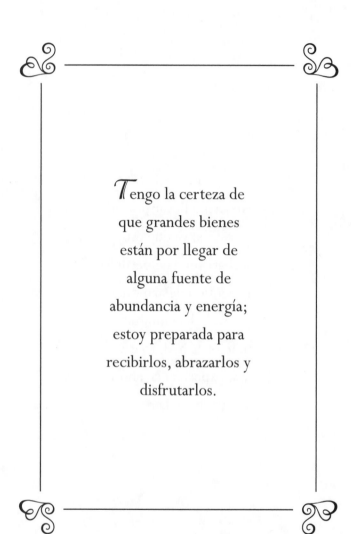

*T*engo la certeza de
que grandes bienes
están por llegar de
alguna fuente de
abundancia y energía;
estoy preparada para
recibirlos, abrazarlos y
disfrutarlos.

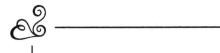

*L*as discusiones no
tienen razón de ser:
producen molestias y
malos entendidos. Soy
un ser capaz de frenar
mis reacciones,
calmarme y dialogar.

$\mathcal{M}$i criterio es un juez
atinado: me dice lo que
es bueno para mí y para
mi actividad hacia los
demás. Lo estoy
utilizando para tomar
decisiones bien
razonadas.

$M$is sentidos me permiten vibrar, gozar, deleitarme; al tocar, al escuchar, al percibir olores, al ver, al saborear, recuerdo lo sabio que es Dios, que creó seres tan perfectos.

$\mathcal{M}$is hermanos son
parte de mi esencia:
nacimos de la misma
energía y tenemos
la misma sangre;
crecimos compartiendo
juegos, pleitos,
reconciliaciones,
ilusiones y mucho amor.

*D*ebo hacer algo para
ayudar a mi bello
mundo: voy a sonreírle a
todos, dar mi mano al
que lo necesite y plantar
un árbol.

*M*i potencial es
ilimitado; tengo gran
seguridad en mi
capacidad; sé que puedo
lograr todo aquello que
realmente deseo.

La responsabilidad es
mi tarjeta de
presentación donde
quiera que voy, en
cualquier trabajo o
nueva empresa que me
propongo comenzar,
pues estoy demostrando
mi confiabilidad.

$\mathcal{S}$i quiero ayudar a
alguien, primero tengo
que aprobar y aceptar al
quien me necesita:
entenderlo, quererlo,
y con estos sentimientos
por delante, ver qué es
lo que más le conviene y
respetar su
individualidad.

$\mathcal{Y}$o no espero a que las cosas me sucedan: estoy consciente de que tengo el poder para hacer que sucedan. Si planeo bien lo que me propongo realizar, estoy segura que lo lograré.

Aferrarse a algo o a
alguien es un
sentimiento que detiene
mi progreso. La vida
fluye al igual que yo. Mi
movimiento me da
libertad. Estoy dejando
ir el pasado.

*E*stoy utilizando mi imaginación para crear pensamientos que me lleven a alcanzar todo aquello que deseo; dejando a un lado las acciones inconscientes, presto atención en lo que hago.

*E*stoy siempre feliz,
esperando que llegue un
nuevo día, pues voy a
vivir nuevas
experiencias que
estoy preparada para
recibir, con una actitud
positiva y grandes
esperanzas.

$\mathcal{L}$os celos son sentimientos de inseguridad. ¡Qué tontería! Todos somos seres valiosos y capaces. La persona que me ama está conmigo porque quiere y porque hay en mí lo necesario para hacerlo feliz.

Siento respeto por mí
misma porque así puedo
respetar a los demás.
No me devalúo pues sé
que tengo todo lo
necesario para lograr lo
que deseo, si me lo
propongo.

*D*ios me ha dado un
ser que cuidar: esa soy
yo. Es mi
responsabilidad que mi
vida sea positiva, exitosa
y creadora. Yo soy la
arquitecta de mi
destino.

$\mathcal{M}$e encanta decir
gracias y siempre estoy
buscando la oportunidad
para poder expresarlo.
«¡Gracias Dios, gracias
padres, gracias vida,
gracias a ti lector!»

La superficialidad y la
banalidad no me llevan
a ninguna parte, quedan
llenándose de polvo y
de olvido. Estoy
esforzándome por dejar
huella una vez que
me aleje.

El don de perdonar
reside solamente en mí.
Qué bendición, pues me
puedo perdonar a mí
misma, y con amor y
entendimiento
también a los demás…
¡Qué alivio!

$\mathcal{L}$a indiferencia
convierte a las personas
en seres fríos: ya nada
tiene movimiento y la
vida transcurre sin pena
ni gloria. Yo soy un ser
que está gozando y
vibrando
continuamente…

¡Vivo!

$\mathcal{E}$stoy haciendo ejercicio porque me pone en contacto con mi cuerpo. Sé que es una perfecta máquina para mis cosas y debo cuidarlo para que esté siempre en perfectas condiciones.

$\mathcal{L}$a disciplina es
primordial para poder
progresar. Hay etapas
en las que tengo que
obedecer, pero más
adelante, obedezco
a mi voluntad. Con
disciplina, fuerza
de voluntad y
perseverancia, no habrá
nada que no pueda
lograr.

$\mathcal{E}$stoy llenando de luz
todos los rincones de mi
alma, para que ahí
donde se esconden
tristezas, entren
pensamientos de
alegría, salud, amor a mi
prójimo y por mí
misma.

*D*ios mío, hoy te doy
gracias porque has
creado seres muy bellos,
con alma sensible,
bondadosa, amorosa,
que saben dar, que están
ahí presentes sin hacer
ruido: soy feliz porque
existen.

$\mathcal{L}$a cobardía es un
escape de la realidad,
por lo que estoy
afirmando en mí la
verdad de mis
decisiones y en mis
actos no huyo, me
enfrento. Soy valiente y
a nada temo: todo el
poder me pertenece.

La depresión es la falta
de ilusión y de apego a
la vida. Yo la combato
con pensamientos de
inspiración y amor hacia
todo lo que tengo, que
es muchísimo, y miro al
futuro con esperanza.

*L*a soledad existe sólo
si yo la invito a pasar.
Tengo tanto dentro de
mí, tanto que pensar,
crear, aprender; todo
esto me acompaña,
nadie ni nada puede
limitar mi pensamiento,
por lo tanto no
estoy sola.

*Y*o no conozco la envidia porque es un sentimiento triste que me daña sólo a mí; aquel que es la razón de mi envidia ni se entera ni le daña. Tengo tanto que no tengo que envidiar.

*L*a decisión de vivir es una responsabilidad muy grande. Estoy consciente de que la única forma de vivir dignamente, es esforzándome para cumplir las metas que me he trazado y así poder cumplir mi misión.

$\mathcal{M}$e doy permiso para
que mis sentimientos
vibren dentro de mí
profundamente, y que
se regocijen; esto me
hace sentir joven,
energética; es una forma
de renacer. Así que,
¡adelante sentimientos!

$\mathcal{M}$e apego a la verdad
con firmeza en este
bello camino de la vida,
para que lo que me falta
por caminar sea un goce
para mi espíritu y no
me desvíe por falsos
espejismos.

Dejo que esa niña en
mi interior salga, pues
su risa y su bienestar me
contagian. Me propongo
dejarla salir más seguido
para que me recuerde
que la vida es simple y
muy bella.

$\mathcal{E}$stoy cuidando la
puerta de mi mente
para que sólo entren
pensamientos positivos
de energía, de caridad,
de justicia, de libertad y
que todo lo malo se
quede afuera.

$\mathcal{E}$stoy trabajando en mi paz interior para poder transmitirla a los demás y contribuir así, con un granito de arena, a la paz y la armonía del mundo que tanto la necesita. ¡Amo al mundo!

$\mathcal{M}$i vida está fluyendo
como el agua cristalina
de un arroyo que fluye
en la montaña: libre,
fresca, constante y
tranquila. Algunas veces
cambia su ritmo y se
acelera, pero siempre
sigue avanzando.

$\mathcal{Y}$o siempre estoy feliz
porque la felicidad viene
de adentro, es mía. Por
eso, en cualquier
situación o lugar la
encuentro. Es tan
sencillo que no se
necesitan razones
complicadas.

$\mathcal{M}$i alegría es un
sentimiento que me
acompaña donde quiera
que voy, y por eso, mi
vida cada día es mejor.
Esta actitud me permite
tener una visión positiva
ante la vida.

*H*oy cambiaré
actitudes viejas que sé
que no me benefician, y
en su lugar, voy a llenar
el espacio con una
buena actitud, poniendo
toda mi voluntad para
que se vuelva un hábito.

$\mathcal{E}$stoy viviendo aquí y ahora: es la mejor forma de no desperdiciar lo que la vida me ofrece. La realidad me ubica en el lugar preciso: nada me distrae, quiero estar consciente.

$\mathcal{L}$a vida es como un
cuerno de la abundancia
que me ofrece todo.
Todo lo que está dentro
me pertenece:
solamente tengo que
tomarlo sin dudar y
hacer uso correcto de
sus bendiciones.

$\mathcal{M}$i fuerza y mi
seguridad provienen de
mi madurez de
pensamiento. Apegarme
a la verdad, sin
engañarme y sin
disculparme, están
haciendo de mí un ser
auténtico y responsable.

$\mathcal{N}$o hay problema sin
solución, no hay
pregunta sin respuesta,
por eso, me estoy
esforzando para buscar
soluciones que se
apeguen a la realidad y a
la verdad.

$\mathcal{A}$dmiro a las personas
que son verdaderas, que
tienen ideales y que se
apegan a ellos; viven y
mueren por lo que
piensan sin cambiar su
forma de vida, porque
saben que es la correcta.

*D*ejarse llevar por la corriente de la vida, sin hacer esfuerzo, es debilidad; es ir a la deriva. Yo estoy nadando con un rumbo definido, bien coordinado y con dirección.

*E*n tiempos de crisis estoy asegurando mi gran abundancia de pensamientos. Si yo no la acepto, no existe, y todo sigue siendo igual. Está en mí buscar nuevos caminos y soluciones exitosas.

Nunca me aburro pues soy un ser pensante y con imaginación; tengo muchas cosas que aprender y más cosas nuevas por crear. Tanta vida por disfrutar y tan poco tiempo.

$\mathcal{E}$l chantaje moral no
es válido para mí, ya que
no existen ataduras para
el pensamiento que es
libre como el viento.
Nadie, ni nada, tiene
derecho a manipular la
vida; yo sé decidir lo
que es correcto y ético.

$\mathcal{L}$os sobresaltos me
hacen despertar, pues es
fácil quedarse dormida
en la vida, envuelta en
hábitos y rutina. Eso yo
no lo permito: es una
manera muy triste de
desperdiciar mi valioso
tiempo.

$\mathcal{S}$oy como un colibrí: voy de flor en flor, de pensamiento en pensamiento, alimentándome de su néctar. Yo escojo la flor que quiero probar pues tengo la capacidad para elegir sólo las de sabor agradable.

Soy parte de todo lo que existe en el planeta. Yo me quiero mucho y este mismo sentimiento lo tengo para todo lo que me rodea, y así es cómo me cuido y me trato, así cómo soy con los demás y con mi planeta.

*E*nergía, luz y amor:
esa soy yo. Todo aquello
que es incorrecto sale
sobrando. No lo acepto
pues en mi camino
aprendo y voy creciendo
hacia la perfección.

$\mathcal{M}$e estoy
concentrando en esa
bella luz que emana de
mi interior; me
deslumbra y desaparece
el dolor, el
resentimiento, el
sufrimiento. Esa luz de
amor borra todo
lo malo.

Cuando el alma está
limpia, se refleja en los
ojos, que son las
ventanas abiertas de mi
casa interior.
Diariamente hago con
gran cuidado la
limpieza.

Soy la mejor alumna
de la vida. Estoy
aprendiendo todo lo
que me enseña,
aplicando su tenacidad
y apreciando la
espléndida forma en
que me regala todo lo
que necesito y poder
así ayudar.

$\mathcal{E}$n los libros se
encuentra el alma de los
maestros y siempre
están aquí para
enseñarme. Lo único
que tengo que hacer es
abrirlos y compartir con
ellos su experiencia.

Cuando me encuentro en mi camino a un opresor, cierro las puertas de mi mente y no le permito entrar; lo dejo hablar y actuar, más no escucho lo que dice, y lo que hace no me afecta.

$\mathcal{L}$a belleza física pasa
por muchas etapas: eso
no me preocupa, estoy
cuidando mi belleza
interior. Ésa no tiene
arrugas, al contrario,
cada día se vuelve más
hermosa.

$\mathcal{E}$stoy siguiendo el
sendero correcto sin
desviarme en los cruces
del camino. Mi guía ha
sido la estrella de la luz,
la verdad y de todo lo
que es sano y bueno.

*H*oy te agradezco,
madre mía, por
haberme dado la vida.
Gracias por haberme
hecho crecer con tanto
amor, gracias por
apoyarme siempre y
muchas gracias por
creer en mí.

$\mathcal{E}$stoy lista para cosechar toda la felicidad que he sembrado durante mi vida, todo el éxito, la plenitud y todas esas hermosas experiencias que merezco por mi gran esfuerzo.

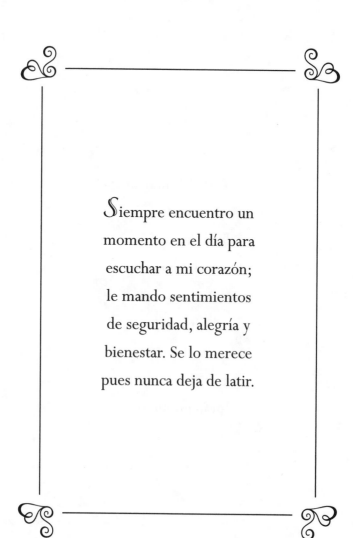

Siempre encuentro un
momento en el día para
escuchar a mi corazón;
le mando sentimientos
de seguridad, alegría y
bienestar. Se lo merece
pues nunca deja de latir.

El dinero es una buena
energía. Trabajo con
conciencia de lo que
estoy haciendo para
merecer ganármelo.
Le doy su justo valor,
le doy un uso correcto
y no me convierto en
su esclava.

No se vale ridiculizar a los demás, sobre todo si no tienen humor para entenderlo. Yo sé reírme de mí misma, tengo seguridad y sé que es muy sano.

$\mathcal{N}$adie es culpable de
mis errores: son el
resultado de mis
pensamientos
incorrectos. Si cambio
mis pensamientos, los
errores desaparecerán.
Todo depende de mí.

$\mathcal{E}$l mejor remedio para curar la tristeza es hacer un recuento de las maravillas que nos rodean —un niño, una flor, la música, un amigo. Cómo voy a estar triste si todo esto me pertenece.

$\mathcal{H}$oy, padre, quiero
agradecerte la energía
que regalaste para que
yo naciera. Me diste la
oportunidad de cumplir
la misión de hacer
crecer mi alma.

Cuando por un don o
carisma personal,
influyo en los demás, es
mi deber ser un ejemplo
digno, limpio y ético.
No puedo ni debo ser
un mal ejemplo para los
que me aman o los que
me rodean.

*D*espués de
aplaudirme, me siento
muy animada, pues no
me voy a defraudar.
Tengo tantos proyectos,
tantas ilusiones, que el
mundo se me hace
chiquito.

*T*odo lo que me da la naturaleza es muy hermoso, y algunas veces lo olvido. Desde hoy no permitiré que esto suceda. Voy a abrir todos mis sentidos para disfrutar de sus regalos y llenarme de su esencia.

$\mathcal{S}$oy como un
recipiente. Recibo de
Dios todas las actitudes
y bendiciones; soy
merecedora de ellas
y me siento capaz
de hacerlas crecer
día con día.

*E*n la vida, la
imaginación es
primordial; con ella,
diseño ideas para trazar
mis metas. Con
imaginación trabajo, me
divierto, gano dinero,
educo, me relaciono y
soy creativa.

Cuando alguien me
ofende, me repito mil
veces lo mucho que
valgo y recuerdo lo
bueno que me merezco.
No van a romper mi
armonía, porque trabajo
mucho para conseguirla.

*Q*uiero sentir frescura,
inocencia; como si fuera
una niña, quiero gozar
los charcos de lluvia y
mojarme los zapatos;
saltar las líneas del
camino. Quiero
ser niña.

*T*engo una lista de
pendientes y
diariamente renuevo
mis propósitos de vida.
Le estoy dando
seguimiento, no dejo
cabos sueltos y la
actualizo a diario.

Sé perdonar, quiero
perdonar, estoy
perdonando. Sólo
depende de mí que lo
haga, sin que quede un
sólo rastro de rencor.
Así puedo ser libre y
más feliz.

$\mathcal{E}$l espíritu y la energía
nunca mueren, por el
contrario, renacen y
crecen. Así es que en
realidad no hay pérdida
ni fin. Me siento viva y
quiero aprovechar mi
estancia en la tierra al
máximo.

*U*na actitud de alegría
y felicidad me dará
muchas satisfacciones.
Pronto veré resultados:
a las personas les gusta
estar conmigo y me
quieren por eso. Es muy
fácil saber sonreír.

*T*engo dentro de mí
todos los ingredientes
para tener éxito;
soy trabajadora,
responsable, razonable,
confiable y tengo la
voluntad para lograr
llegar a la cima.

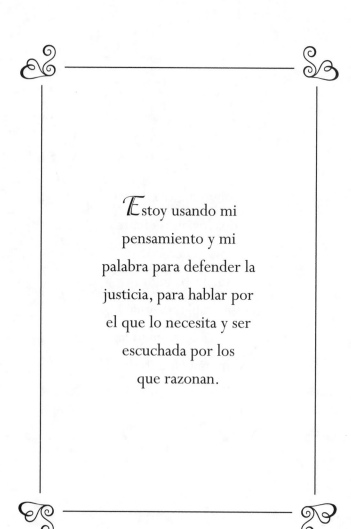

$\mathcal{E}$stoy usando mi
pensamiento y mi
palabra para defender la
justicia, para hablar por
el que lo necesita y ser
escuchada por los
que razonan.

La inocencia tiene la luz de la pureza; esa luz clara que sólo reflejan los niños y los limpios de espíritu. Debo acercarme a ellos para nunca perderla.

*E*stoy ordenando mi
vida para poder ver
claramente dónde estoy
fallando. Si no recojo
mis pensamientos y mis
experiencias para ver los
resultados, no podré
seguir avanzando.

*A*ntes de decidir si las
actitudes de los demás
son correctas o
incorrectas, debo
escuchar sus razones,
conocer sus
circunstancias, y
respetar así su
individualidad.

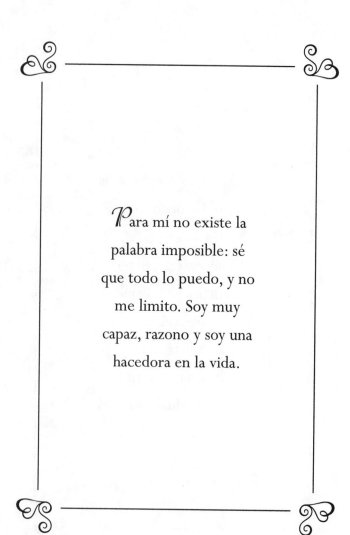

$\mathcal{P}$ara mí no existe la
palabra imposible: sé
que todo lo puedo, y no
me limito. Soy muy
capaz, razono y soy una
hacedora en la vida.

Estoy analizando el sentimiento de venganza; es desgastante y una forma tonta de perder el tiempo, el pensar cómo hacerle daño a alguien. Yo sé perdonar, olvido con facilidad y vivo en paz.

Soy dócil para amar
cuando el amor es
bueno y correcto; soy
dócil para ceder cuando
es justo. Con razones,
soy dócil para aprender
y entender. Me es muy
fácil vivir.

$\mathcal{H}$ay personas que se
han ubicado en el papel
de víctima; es indigno:
un ser completo no
debe aceptar esa ofensa
ni esa sumisión.

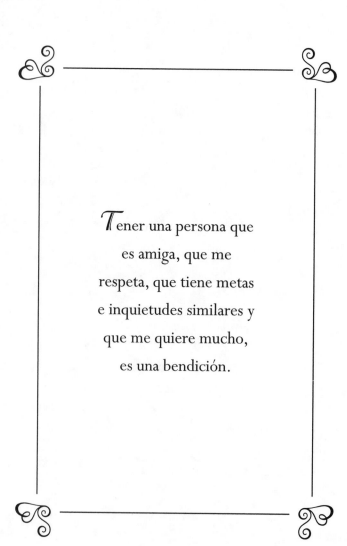

$\mathcal{T}$ener una persona que
es amiga, que me
respeta, que tiene metas
e inquietudes similares y
que me quiere mucho,
es una bendición.

$\mathcal{E}$stoy pensando en mi abundancia que es algo natural en mí. Lo único que tengo que hacer es desear algo con vehemencia, constancia y con el deseo de obtenerlo, y seguro llegaré a mi meta.

$\mathcal{M}$i convicción por el
bien es tan fuerte que
no me dejo influir por
ideas que me hagan salir
de su cause. Me dejo
llevar por la corriente
benéfica, que me guía a
la verdad.

*L*os complejos son miedos de afrontar la realidad. Yo me siento capaz de lograr todo lo que me propongo y hacerlo bien. Tengo la capacidad de superar mis complejos.

$\mathcal{E}$stoy aprendiendo a escuchar y estoy entendiendo mucho, pues cuando me dedico a hablar, sólo me escucho a mí misma, y no progreso. La naturaleza es sabia, no habla, actúa.

$\mathcal{E}$stoy consciente del valor de mis amigos. Lo más bello es que puedo escogerlos, nadie me los impone. Ese intercambio de simpatía y respeto nace libre y me llena de gozo.

Aquellas trabas que he
encontrado en mi
desarrollo, las estoy
haciendo a un lado. De
hoy en adelante nadie ni
nada me va detener. Voy
directo a mi meta:
EL ÉXITO.

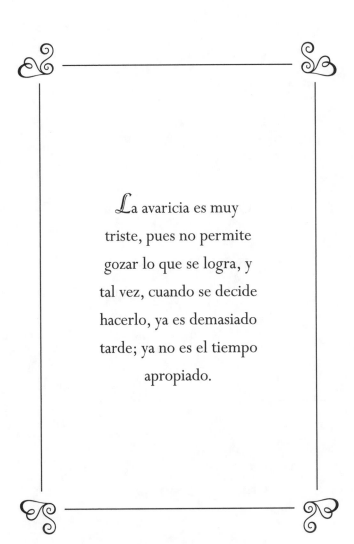

$\mathcal{L}$a avaricia es muy
triste, pues no permite
gozar lo que se logra, y
tal vez, cuando se decide
hacerlo, ya es demasiado
tarde; ya no es el tiempo
apropiado.

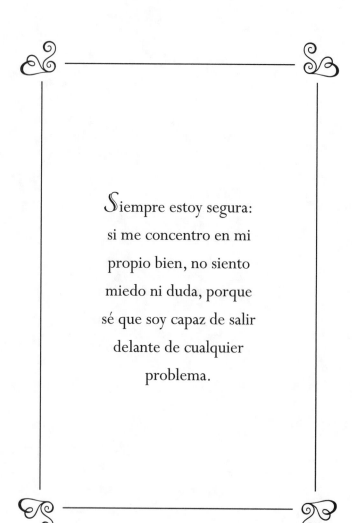

Siempre estoy segura:
si me concentro en mi
propio bien, no siento
miedo ni duda, porque
sé que soy capaz de salir
delante de cualquier
problema.

$\mathcal{L}$a cantidad y calidad
de mi amor son
inagotables, fluyen y
fluyen siempre y las
puedo usar cuantas
veces quiera. Alcanza
para todos: es magnífico
y eterno.

$\mathcal{T}$engo frente a mí un gran futuro, lo estoy preparando de antemano con pensamientos y actitudes honestas y positivas; así sé que mañana será un día mejor.

$\mathcal{P}$ara poder ayudar a
los demás primero me
tengo que ayudar a mí,
para así estar capacitada
y comprender la
importancia de
compartir ese hermoso
sentimiento que es el
preocuparse por
los demás.

$\mathcal{L}$a compasión bien
entendida es amor, es
querer ayudar sin
menospreciar al que lo
necesita, es respetar y
dar, cuidando la
dignidad de ese ser, sin
hacerlo sentir mal.
Todos podemos estar
también en su lugar.